CIRCULAIRES.

AVIS.

MM. les membres ou attenants du ministère et des deux chambres qui n'auront pas reçu cette première livraison (comme ceux à qui ils ont donné et donnent, chaque jour, un brevet de mérite reconnu), et qui voudront remonter l'auteur sur son cheval, pourront se la procurer, à raison de vingt sous l'exemplaire, chez lui où l'on n'entrera qu'au *café Brisvin*, n° 22, au bas de la rue de la Montagne Sainte-Geneviève.

Quant aux *circulaires* de septembre 1830, dont celles-ci forment la *suite*, comme elles sont devenues fort rares, et, parce que l'auteur a dessein de faire aussi quelque chose de rien ou du chaos de ses immenses productions sur *matières d'état*, l'objet de ses travaux et études en toute sa vie, elles coûteront, à la même adresse, deux francs, aux amateurs.

> Nota : Cette esquisse, un peu extraordinaire, est recommandée à la bienveillance, générosité et règle des convenances, dans et de la part de ses lecteurs ou commentateurs, priés sur-tout d'accorder leur indulgence, là-dessus, à un auteur qui tirerait la vérité du gouffre de l'enfer, et qui, pour lors, entamera sa *seconde livraison*, elle équivalente à celle-ci, par la *justification du Roi*, au 20 mars dernier (1834).

IMPRIMERIE D'HIPPOLYTE TILLIARD,
RUE DE LA HARPE, n° 88.

SUITE DES CIRCULAIRES DE SEPTEMBRE 1830;

OU

Amendement et école des Journalistes, des Analyseurs et des Sulpiciens.

> « La nation , la loi et le Roi ,
> » (1789 et 1830) ;
> » Mais , avant comme après les chambres
> » et le Roi, parlez, opinion, reine du monde ».

REYS, du Sully, à *S. M. Louis-Philippe I.ᵉʳ, seul vrai et légitime Roi des Français,
par leurs volontés et choix, à Paris.*

SIRE,

J'ai eu l'honneur de vous écrire, le 8 juin dernier, par l'entremise de S. A. R. Mgr. le duc d'Aumale, votre fils, et je l'ai fait de Sully-sur-Loire, ville érigée en duché, par Henri le-Grand, l'un de vos aïeux, pour son ami sincère le Grand Sully ; mais je l'ai fait, en désespoir de cause, quand j'eus vu qu'en France il n'y aura plus à trouver, de cent ans, si vous ne venez à son secours, une once de bon *sens* ; en quoi, Sire, et tant que la philosophie y sera méprisée ou réprouvée, ce n'est pas la peine de l'imposer, *ce bon sens* ; car, si vous ne vous en preniez qu'au *vrai*, vous n'en tireriez pas cinq sous par an.

Et j'ai eu encore celui de vous r'*écrire*, cette fois là, par Orléans, et toujours sous le couvert dudit duc d'Aumale ; lui, cette fois-ci, mis en communauté, de ma part, avec Votre Majesté même : mais, que sais-je ? un savant de l'Université de nos jours a *saisi ma lettre* à la poste, ou plutôt, en m'écrivant, les 16, 20 juin dernier ; il me l'a renvoyée, pour vous, Sire, comme enveloppe, cachetée en blanc, de sa lettre, et comme la voici elle-même *incluse* ou annexée, (et depuis *insérée* dans la présente, grâce à l'impression arrêtée, le 6 août 1834, seulement, vu ma lettre du 5 d° non répondue qui termine cette impression), pour d'autant mieux fixer Votre Majesté sur mes vues politiques, ma prévoyance et ma généreuse perspicacité.

Au reste, Sire, je viens d'arriver à Paris, ce jour, dimanche 27 juillet soir ; mais vous, quand recevrez-vous ma présente lettre ? et, *si vous la recevez, qu'est cet homme*, se sera-t-on dit avant vous ? Au contraire, vous, Sire, au-dessus de tous, et plein de discernement comme vous l'êtes, vous vous occuperez bien moins que vos analyseurs obtus, de savoir si son écrivain est riche ou pauvre, s'il est né de la cuisse d'Adam ou de Jupiter, pourvu que vous le trouviez sage, vrai, et raisonnable ou *divin* ; car, ne vous en déplaise, un sage est le plus beau et le meilleur *gâteau des Rois* ; et un Dieu, pour l'homme sensé, ce n'est pas autre chose que cela.

Pour moi, Sire, *je fus fou*, puisque j'ai correspondu vingt ans avec Napoléon, fait et dit le-grand par *lui* ; mais je l'ai fait *si secrètement*, que c'est lui-même qui *a dû* donner mon nom et ma demeure au duc de Rovigo, alors ministre de la police générale, sous lequel M. Pasques, inspecteur en chef de cette police, le 13 mars 1813, avec deux agents subalternes, pleins de sens, et un officier municipal, vinrent m'arrêter, moi, et jusqu'à mes mouchoirs de papier, dans le pied-à-terre, de huit pièces, en une largeur et longueur de 9 pieds sur 12, que je m'étais fait en ma maison propre, rue Dauphine, n° 37, au coin de celle Christine, à Paris ; et, quand tout y fut *bien fouillé*, très malade que depuis trois mois j'étais, des revers mérités et à lui prédits par moi, de Napoléon, je me mis à rire de mon accident : « Quoi ! disais-je à M. Pasques, dont le chef fut encore plus
» maladroit apparemment, à mon égard, que M. Gisquet à celui du soi-disant don Carlos ; le
» ministère de la police générale de France ne savait pas, que, depuis vingt ans, je corresponds plus
» ou moins familièrement et activement, au moyen d'un secrétaire contenant mes écrits, avec le
» caporal italien, général, égyptien, consul, académicien et empereur Napoléon ; et il a fallu
» que ce fût lui-même qui vous apprît, à tous, que j'existais et où je demeurais, pour que vous
» me sçussiez relégué *chez moi*, à la vérité, mais dans le *trou décoré* que je nomme ma bombou-
» nière de Paris, où, parce que je ne suis pas à Essonne, vous me voyez ! » Il est vrai, nous n'en saurions rien sans lui qui, hier donna au duc votre adresse et ses ordres, me fut-il répondu en plusieurs fois ; mais avec qui encore correspondez-vous à présent, car *c'est à savoir cela* que tend notre mission ? — Eh ! mais, répartis-je, je l'ai écrit cent fois à l'empereur ; je n'eus, n'ai et n'aurait jamais d'autre confident que lui de mes pensées véridiques ; a-t-il donc cru que son absence et ses

malheurs de Moscow avaient fait sur moi ce qu'ils ont fait sur tous les Mallet, Guidal et Lahorie? —En ce cas, me répliqua-t-on, votre affaire s'arrangera; et, en effet, deux heures après, M. Faure, avec un autre conseiller d'état comme lui, prétextant une visite des prisons, vinrent me presser, là-dessus, à Sainte-Pélagie, où malade, et avec mon bonnet de coton sur la tête (ils me prièrent de le garder, eux qui s'étaient déjà dit entre eux : *c'est encore une victime de la vérité*), je leur dis : après Napoléon, je ne parle politique à personne autre qu'à Marsaudon, cabaretier, maçon et maire à Écharçon, commune de 60 feux, où j'avais ma campagne et vivais retiré, bref, d'où M. Lucien Bonaparte, par Corbeil, me déterra pour faire de moi son unique collaborateur officiel à la constitution de l'an 8, et puis le créateur unique aussi de la comptabilité publique de la France, au ministre de l'intérieur, comme on dit qu'elle existe encore aujourd'hui, grâce à mes communications de 1807 avec le prince Lebrun, le ministre Cretet et Napoléon, à Fontainebleau, où, sur mes écrits, il fit son plan, sans moi et à sa façon, plan dont l'exécution fut confiée, par lui, non pas à moi, mais au comte Corvetto, ancien mince négociant et bon teneur de livres, italien : vous, Sire, n'en demandez pas davantage; sinon, je vous dirai que j'ai été caché onze mois à Bicêtre, et que le czar des Russies, seul, me délivra : autrement qui eût osé dire toute la bassesse, toute l'ingratitude et toute la perfidie, à mon égard, de celui dont les stupides font le grand Napoléon, comme si on l'était sans vertus?

Soit : j'ai à vous dire maintenant, Sire, qu'à Sully, si je n'ai pas trouvé non plus de *bons sens* dans MM. les comtes de Béthune, faits et dits les jeunes ducs de Sully, faute d'autres, tous deux ex-pages, l'un, de Madame la duchesse d'Angoulême, et l'autre, de celle de Berry, y venus alors en leur château; avec leur oncle, M. le prince de Luxembourg et duc de Beaumont; j'en ai trouvé, bien plus même qu'au vif journal, dit *le Bon Sens*, par M. Cauchois-Lemaire, dans leur valet, *par qui* je fis passer, au prince, un écrit où je m'amusais, en charbonnier maître chez lui, non pas des nobles dits et que je connaissais, mais de d'autres embrions à prétentions; en quoi, il ne me valut pas l'arrêt rendu à Beaumont, pour venger le Roi et son cher duc de Beaumont d'alors, égarés à la chasse dans la forêt dudit Beaumont où deux charbonniers à qui ils s'adressèrent, pour les avoir ramenés à la ville, mais s'être égayés de leurs mains blanches, sans savoir à qui ils avaient affaire ni ceux à qui ils faisaient porter leurs sacs à charbons, vides (service d'ailleurs pour service), furent, *pris à onze heures et pendus à midi*, dès que je n'en ai reçu ni nouvelles ni effets, et dès que c'est-là comme le grand monde fait nos affaires et s'y instruit.

Pour le valet de ces trois grands seigneurs, c'est différent, et à propos de ce que je lui disais, pour arriver peu à peu à ses maîtres, estimant fort, m'avait-il dit, M. Jh. de Villèle, dont je suis l'ami, de l'objet d'amusement et de distraction pour l'oncle inoccupé à qui il portait là de quoi rire aux dépens de nos trois journalistes d'Orléans, il me dit : « Oh! c'est bien vrai; en politique, les » hommes ne sont que ce que les journaux de leur choix les font. » Ainsi, Sire, malgré le danger imminent, pour moi, de devenir religieux, politique, philosophique, scientifique et littéraire, comme l'*Univers* qui est, lui, tout cela, c'est à son *journal* de dimanche, 27 juillet dit, que je me suis aponté; tout aussitôt mon arrivée à Paris : ô Dieu! sitôt que je *l'eus lu* presqu'entièrement, je me suis dit : « en sa place, je me serais nommé *la Vipère*; car, moi, je suis homme à ne jamais tromper » personne, fût-ce le Roi, lui-même, sur mes desseins, par mon cachet (1). »

En effet, que nous dit-il de bon, l'*Univers religieux*, à nous qui sommes son *univers*? Il nous dit ce que le *Courrier Français* (qui, la veille, rendait un service, à sa manière, c'est-à-dire, mauvais, au curé capitaine, M. Vion, mon ami, qui l'a bien voulu), lui dit (toujours à l'*Univers*), d'un homme qui a une belle ame, une ame généreuse, le maréchal Gérard, et qui est, à ces titres, l'intime ami de notre Roi, lequel Roi serait donc aussi toujours le même homme qu'aux jours de juillet 1830, dont nous célébrons le 4me anniversaire aujourd'hui même; il nous dit ce que, tout au contraire, *pense le Rénovateur* (et non pas l'*Impartial* qui devrait aussi figurer là), du *retour imprévu* dudit maréchal (celui même qui écarta légalement, du Roi, tous ceux qui n'étaient *français* ni de cœur ni de nom), au *ministère du Roi* dont le peuple irréfléchi fait un 13 *mars* personnifié dans M. Casimir Perrier, son simple orateur, de ce qu'après le saccage de l'archevêché j'avais écrit au comte Jules de Larochefoucauld; être, dès le 3 *d°*, annoncé par M. d'Argout, en ma lettre du 7 dudit mois, lettre roulant sur cette supposition : « Tenir aux lois est bon, mais quand elles ne sont » pas mauvaises ou à rectifier promptement. » Et, il sait, notre *Univers religieux*, bien mieux, lui, que le prince et Dieu, ce que don Carlos, fourvoyé quelques jours, à Paris, va faire et ce qu'il a fait (quoiqu'il ne savait pas mieux que M. Gisquet, dont les gendarmes soncieux épient et veulent trouver, à deux lieues de Paris, des étrangers partout, si S. A. R. était venue armée d'un passeport, vrai ou emprunté, comme moi et neuf autres personnes, le 27 juillet même, ni si elle avait été aussi empaquetée et bien hermétiquement close et fermée sous la bâche, vieille et percée, aux marchandises, malles et effets des voyageurs, pour ses trois francs cinquante centimes, prix d'Étampes

(1) *L'Univers religieux* se trouve, rue du Pot-de-Fer, Saint-Sulpice, n° 12, à Paris.

à Paris, où, au moyen d'une patache à douze personnes, prise à Arcueil jusqu'à la place Sainte Michel, don Carlos et moi, ni vus ni connus (j'tembrouille, Gisquet); nous allons dîner chez M. Jauge, notre banquier, ssauf erreur), et bref, que ne sait-il pas du *temps* qui sait, lui, tout, au temps qui court? Bien plus, il sent, au flair, si Mgr. l'évêque de Saint-Diez fait, a fait ou fera, généreusement, ses fonctions naturelles; il sait qu'un prêtre de Versailles a fondé une école pour les sortans de celle des Frères, sous condition que ses élèves ne travailleront pas le dimanche, jour de prières et de devoirs ou offices rendus à Dieu, qui les réclame tyranniquement, quoique privé de l'ouïe qui les lui ferait entendre de près ou de loin; école hélas! dont me voilà exclus, pour ces péchés là, puisque c'est, ce jour, dimanche 27 juillet, que, journal de *l'Univers chrétien* sur le bureau, je vous trace ceci à la hâte pour, ayant de le rendre, en faire votre provision d'esprit, sans m'embarrasser ou sans fatiguer mon vieux corps de vos re-fêtes dudit 4me juillet: si bien que voilà que je sais à présent, moi, que ce *journal*, dit *religieux*, aussi bien que tous ceux des prêtres, des carlistes ou henriquinquistes et des carlo-républiquistes, est un journal égoïste, partial, artificieux, séducteur et astucieux, mais *pas fort*, même pour le mal, Dieu merci, car on y voit le bout de son oreille et en quoi, Sire, c'est assez parler de lui : laissons même, à leur funeste sort, *l'Union ecclésiastique, la Dominicale*, et *l'Ami de la religion qui se peint*, lui, *tout de même* que l'Encyclique de N. S. P. le *Pape*, Pape pas plus sûr, dans ce qu'il dit, que ne l'est la *Gazette de France* même, tous ces folliculaires, sacrés ou non, au reste, qui ont, à l'instar des *Études religieuses*, leur utilité essentielle, vu que leur controverse, si discordante avec l'*union*, du cœur et de l'esprit, des philosophes moralistes qui ont traversé l'immense plaine de l'immortalité, pour venir fixer, parmi nous, leur paradis perpétuel, m'amènera d'autant mieux à faire sentir et comprendre ce qui est la seule et la vraie *religion de l'Univers qui la tient du ciel de la nature éternelle*, étant, elle, *le Dieu qui est* et ayant *aussi* sa sagesse, sa vertu et sa raison qui, avec l'*ordre immuable* de la *nécessité*, sont *ses propres divinités*, tant spirituelles que matérielles, et *ses maîtres*, de puissance *souveraine;* religion, dis-je, et journaux dits religieux, sur lesquels ne pouvant rien dire ou lire de plus aujourd'hui, il faut bien que je m'arrête ici.

Mais, Sire, je ne m'arrêterai pas, s'il vous plaît, pour donner, dès à présent à Votre Majesté, le titre au moins, d'un ouvrage *plus sensé* et *plus utile* que ceux-là à la France, pour et au nom de laquelle je viens, constitutionnellement aussi, solliciter, et implorer au besoin, votre haute méditation, votre assistance et votre puissante protection, dues, plutôt au bon qu'au mauvais, et sans lesquelles la sagesse, et le bien à en attendre, seront, encore pour bien des siècles, bannies de la terre dont je suis, moi, le capucin, grâce à votre protégé, M. Claude-Louis Salleron, ex-maire du 12me arrondissement de Paris, mon débiteur d'environ 4,000 fr. viagers échus, le vôtre aussi, pour 62,000 fr. hypothéqués pareillement après 112,200 fr., et celui de M. Jacques Lafitte, encore pour autres 62,000 fr. après vous, et qui, avec *sa justice* de cession, pour n'être point en faillite, m'ôte, depuis trois ans, le pain, le feu et l'eau, à moi qui, pourtant, puis plus facilement me passer du Roi et de ma patrie, qu'ils ne peuvent, eux, se passer de moi qui connais leur maladie et ses remèdes.   Or, Sire, ce titre est :

CIRCULAIRES ,

Où ces circulaires, entendues de tous et à l'usage de tous, sont, avec cette lettre, toute platte et bénigne, comme les miennes le sont, une

COLLECTION DE CIRCULAIRES DIVINES ,

C'est-à-dire, marqués du sceau de la sagesse, de la vérité et de la raison,
primitives divinités de la nature et de l'ordre social ,

pour

la reforme , insensible et graduelle, du cœur et de l'esprit humain ,
que Moïse demanda à Dieu , et n'en sut pas obtenir ,
en fait des personnes et de leurs idée
circulaires soit ,

ou

Manière , simple, facile et reposante d'étudier, écrire, parler et sentir la raison
de tous, par tous, sans escamotage et avec gaîté, mais sans cette raillerie
assassine et digne, au plus, d'un coup de fusil ;

donc,

La civilisation royale et constitutionelle de 1830 ;
par un Philosophe se présentant,
non pas à l'élection , mais
à l'univers ,

par le canal de *sa France chérie*,
dont l'avenir est, dans son passé et son présent,
et où, nous, Français, nous nous servons, tous, pour
notre bien, de miroirs, les uns aux autres, dans
cet ouvrage réputé : « *La Nature prise sur le fait.* »

BUT.

Indépendance, richesse, considération et puissance,
gros lot
échéant à tout peuple et à tout individu, roi ou berger,
qui seront les plus exacts et les plus constants à suivre
la partie, jouée cartes sur table, en souscrivant d'abord,
chez l'éditeur ci-dessous (1), pour une livraison par semaine,
l'amateur dût-il être pauvre d'argent et d'esprit, *comme*
l'auteur même qui lui montre *à s'en relever.*

MOYEN.

Heureux celui qui ne perd pas son temps à mentir; plus
heureux encore celui qui sait lire et entendre, sur lui, la vérité,
sans en prendre des convulsions; trois fois heureux celui dont
le mensonge même ne saurait atteindre ou ébranler la
moralité sûre et sentie!

PREMIÈRE LETTRE ANNONCÉE.

COPIE.

Reys, de Sully, à S. A. R. Monseigneur le Duc d'Aumale, chez le Roi, son père,
aux Tuilleries, Paris.

(Affranchie.)

« La vérité sort de la bouche d'un enfant. »

Monseigneur,
Pour le Roi, s'il plaît à votre Altesse royale et à sa Seigneurie, M. son Gouverneur, après *qu'elles*
auront lu et cacheté le *contenu.*

Respect et fidélité.   REYS, *rentier.*

Le même, à S. M. Louis-Philippe, d'Orléans, Roi des Français, à Paris.

Journal du Loiret, du 5 juin 1834.

CORRESPONDANCE PARISIENNE.

« Les charger, les sabrer! Mais vous n'y songez pas; que l'on s'en garde bien.
« En vérité, je me sens plutôt disposé à descendre crier avec eux ». (*A bas la calotte!*)

NOUVELLES DIVERSES.

« Le soldat qui, le jour de la procession des Rogations, n'a pas crié *aux armes !* au mo-
« ment où il apercevait la procession, a commis une faute militaire, mais n'a *point*
« *du tout* fait un acte politique ou irréligieux ». (Donc, le Roi, n'est point l'esclave de
« la religion), et ainsi : par le *bon sens ministériel,*
Ou, à *son profit,* et, par *la grâce* du Duc d'Aumale,

Sire,
Pour 4ᵉ réponse *provisoire* s. v. p., à la dernière et *finale* lettre, de MM. Lecointe et Pougin,
libraires, quai des Augustin, n. 49, en date, du 4 juin courant, et ainsi conçue :

Adresse,

Monsieur Reys, rentier, à Sully-sur-Loire, par Gien (Loiret).

Corps,   Paris, le 4 juin 1834.

MM. Lecointe et Pougin, occupés uniquement et exclusivement de leurs com-
missions, *ont écrit,* (le 15 mai dernier), à Monsieur Reys, qu'ils ne pouvaient, en
aucune manière, se charger de *son ouvrage,*
Ils le lui renouvellent et *ils en ont prévenu* aussi M. Johanneau, qui *doit avoir*
son manuscrit. (2),

Librairie de
Lecointe
et Pougin
Quai etc.

(1) Hélas ! faute d'autres, cet éditeur, c'est l'auteur.
(2) Ce manuscrit m'a été remis, à moi-même par M. Johanneau, le 1ᵉʳ août courant, au soir, chez lui.

M. Reys voudra *donc* bien *se dispenser* de *toute autre* missive,
Ils ont l'honneur de le saluer,

Le temps passe, et votre *gloire*, Sire, peut *encore* s'étendre ou du moins *ne passer jamais*, sous la *condition* de *réformes* dans les finances, dans le système commercial, dans l'administration, dans le système politique, et pour cela dans les *préjugés* religieux, populaires et carlistes, *le tout* conformément aux *esquisses*, de moi, qu'ont les *deux libraires dénommés*, dont *les uns*, au n° 49 dit, et l'autre rue du Coq Saint-Honoré, n° 8, *auxquels* deux premiers associés, *j'ordonne de remettre* au porteur de *l'ordre du Roi* ou de *son ministre responsable*, avec *ma lettre* du 11 mai dernier, mes *trois premières* réponses *provisoires*, des 24 et 29 mai dernier, et 2 du courant, *comme aussi* à M. Johanneau dit, de *déposer*, au même porteur, 1° le *paquet* renfermant *intact* mon *envoi*, du 26 avril dernier, dont *sa lettre* du 9 mai suivant *m'accusa* réception; 2° ma *lettre* du 6 de ce dernier mois; et 3° *celle* du 24 dernier, que lui ont *fait tenir* MM. Lecointe et Pougin; *pour*, par le ministre de sa majesté, *requérant* d'eux trois, à *mon nom*, les objets *désignés*, m'en être *accusé* de suite, le *retrait* et leur *sort* futur, *après*.

J'ai, *en outre*, Sire, dans *mes* mains, la *suite* assez considérable des *esquisses* ci-dessus, n'étant point un *travail d'enfant*, ni fait pour des *enfants gâtés* à qui l'on *n'oserait pas* dire en tout, la *vérité*; le règne de votre majesté *a suffi* pour disséminer et déconforter, *par son exemple*, (1) ces *femmelettes là*, et je *devrais bien* user, comme vous, de la *souveraineté de mon* esprit et de mon tact *expérimentés*, dès qu'il *y va*, dans mon *ouvrage indiqué*, du sort de la France et de *celui* de votre dynastie, qu'il *ne tient qu'à* votre majesté de *fixer* et *perpétuer*,
Per omnia sœcula sœcularum.

En *demandant*, à votre *autorité gouvernementale*, pleine et entière, sire, une *commission d'Orléanistes vrais*, où je *serai écouté*, contradictoirement aux *brouillons nombreux* dont *la critique*, *impérieuse* et *si facile*, est pour les *grandes choses* un *terrible fléau*, je forme de *bien sincères* vœux pour que la *sagesse*, source et créatrice du *bien*, n'abandonne jamais l'*auréole* de votre règne,
Et suis avec un très profond respect,

Sire,   De votre Majesté,   Le fidèle serviteur et sujet,
                                                      L'inconnu, REYS, Rentier,
                                           Plus que *septuagénaire*, et livré, durant 56 années
                                           de *sa vie*, aux *matières d'état*, sous les meilleurs
                                           maîtres, et avec beaucoup des *grands* de l'univers.

DEUXIÈME LETTRE ANNONCÉE.

Reys de Sully, à S. A. R., Mgr le duc d'Aumale, chez le Roi, son père, aux Tuileries, Paris.

« Un *bon maître* sera toujours un *mauvais sujet* ».
(*Sentence de* et *contre* Louis-Philippe.)

Monseigneur,   (ce qui veut dire : il ne fera rien de moi, et moi rien de lui,
                       étant, tous deux, trop bons maîtres d'école, pour rien vouloir apprendre l'un de l'autre)
                       quatre ans nous ont prouvé cela, à tous deux, réciproquement.

L'âge ne fait rien à l'affaire : que dire d'éditeurs *expérimentés*, sans flair, et qui ne sauraient pas, avec de la matière, donner un *second titre*, irréprochable, à l'ouvrage, de *moi*, dont j'ai entretenu, le 8 du courant, par vous, S. M. votre royal père? Du moins voici le mien, sauf votre approbation :

Circulaires,
ou
avril 1834.

Vous y pourriez ajouter, vous, comme votre papa, au *moment décisif* des journées, des 5 et 6 juin, devant le cloître Saint-Méry, en prenant sa montre à la main :
« Combien durera-t-il? »

Et puis, *en cela*, vous exprimeriez, ainsi, *votre propre*
sentiment.

Il est si pénible, pour un Roi bon et populaire, d'avoir à punir ou à réprimer les désordres des factieux, que, s'il pouvait toujours écouter son cœur, il n'en reparlerait jamais contre tant de brouillons qui le *blâment* de ces journées où coula le sang français par des français.

Pour un *auteur politique*, c'est différent; son lot est de tirer parti de tout et de voir les choses

(1) Si le Roi pardonne à l'auteur, d'avoir, pour amener à ses remèdes et moyens, idées et principes, paraphrasé tout son discours, du 31 juillet dernier, *qui*, devant l'utilité publique, *osera* être plus *susceptible* que le Roi, et où trouvere-t-on aussi un Roi plus vertueux et plus capable d'abnégation de lui-même que le nôtre? Ce ne sera point Charles X, dont la *camarilla* fut, pour lui, si piquée d'avoir vu M. Cunin-Gridaine en user ainsi, mais sans le même but que moi à la vérité, puis que de tous les censeurs de Louis-Philippe, aucuns ne donnent les remèdes à ce qu'ils dénoncent ou l'art de mieux faire que lui.

par-tout, comme s'il était dans une autre hémisphère. Et pourtant le *nôtre* était, évidemment sous l'influence *d'avril dernier*, quand il *jetta* tant de titres et de pensées qu'il ne lui appartenait pas, en effet, de fixer, vu qu'en vieillard qu'il est, ce n'était pas *pour lui*, qu'il *avait* travaillé, dès que ces titres, apparemment, *eussent été* ces mots réunis :

Circulaires,

ou

L'art de vivre et de mourir,

libre de corps et sain d'esprit,

selon l'effort et la volonté des grands juillet 1830 et 9 août d°,

sans aucuns préjugés ni jargons

nobiliaires, religieux ou populaires,

en secouant les *parvenus égoistes*,

la honte des grands et des petits :

Progrès et but de la monarchie républicaine

de Louis-Philippe et les siens;

par un vieillard.

Mais ne pourraient-ils pas s'expliquer, ces titres, nettement, et se résoudre par ces *sentences* ?

1ere.

Sagesse nous rend la raison et la vérité; sainteté nous fausse l'esprit et crée le *mensonge entété*; à laquelle des deux appartient notre culte? Le peuple français reste *passif* là-dessus, ou même *réclame*.

2eme.

Castigat, ridendo, mores, dit-on de Molière; *concordiá res parvæ crescunt* est la devise des hollandais : pourquoi pas *toutes deux*, si elles renferment l'utile et l'amusant ?

3eme.

Mais, « qui veut la fin, veut les moyens ». Ainsi, fixité, aveux réciproques et rectifications, tant morales que matérielles; ainsi, bonne foi, ordre et liberté; ainsi, travail sans fantaisie et nonchalance; ainsi, point de *parti prêtre*, mais liberté de religion et de philosophie; ainsi, providence royale, mais pour le présent et l'avenir de ce monde seulement; ainsi, *langue de tous* pour un chacun : car, en instruction, il faut savoir qu'*opprimer* le Roi de son choix, ce n'est point là *résister* à son oppression, et *savoir aussi* que, dans les *journaux*, sont à *séparer* l'ivraie du *bon grain*, sous peine de ne récolter *plus du tout* de celui-ci, bref, que c'est *à nous*, auteurs, plus *conséquents* avec nous-mêmes, de *justifier* et *éclairer* le Roi que nous nous sommes imposé de *défendre*; que telle est la *sagesse de Charron*, et que Louis-Philippe, *fait le conducteur*, du siècle de 1789 à 1830, peut bien *avoir aussi la sienne*, en dépit de *ses* bons amis, les faux prêtres, les royalistes *par droit divin*, et *ces*, encore plus faux et fougueux, *républicains d'espèce* qui, de la France, n'ont pas fait et *ne feront jamais*, eux,

la république du monde.

Monseigneur, c'est à *votre âge* qu'on prend la bonne ou fausse voie, donc, les premières *impressions* : Fénélon les donna à *Monseigneur*, fils de Louis XIV. Or, où trouvera-t-on, dans ses fables et dans son Télémaque, de la superstition ou en quoi que ce soit, de la jactance et de la déraison? Sa Minerve, changée en Mentor, montre, au genre humain, qu'on lui fait *de ses Dieux*, absolument, ce que l'on veut, et ses *maximes des Saints*, condamnés par le pape Innocent XII, que la philosophie, quelque *masque* qu'on lui prête, est toujours de la *philosophie* sur laquelle il ne s'agit que *de s'entendre*; et, s'il vous plaît, qui *ne deviendrait pas* un véritable homme d'état, s'il lisait et méditait *bien* feu l'archevêque de Cambrai, philanthrope par-dessus tout ?

Je m'arrête, moi, pour vous présenter mon respect et les vœux qu'avec vous je forme en faveur de vous et *du Roi*, votre père, dont je vous prie de *me permettre* de me dire, ici,

le fidèle serviteur et sujet,

REYS, rentier.

Monseigneur,

Sully-sur-Loire, (Loiret), le 15 juin 1834.   (Au Roi).

Sur un feuillet détaché
recouvrant cette lettre,

il y avait,
pour adresse extérieure,

A M. Gillet, ancien maître de pension, à Janville, de présent, à l'école Normale primaire, rue du Bourdon-blanc, à Orléans,

et intérieurement,
(à M. Gillet).

M. Gillet, l'homme qui a carte blanche et quelque chose à rattraper, est prié de cacheter l'*incluse*, de la mettre à la poste, sitôt reçue ou avant l'heure pour le départ de demain, 16 et de l'y affranchir, pour compte de son serviteur et ami,

Reys, de Sully, qui vous laisse à remplir, vous-même, l'adresse,
si vous savez écrire, selon mon indication, au bas d'icelle,
(lettre). (Na. ce billet sera timbré 15 *juin* 1834, au bureau
de Jarjeau).

Et, Reys, au ministère de S. M. L. Ph.

S'il n'est absolument pas, plus possible de vaincre l'apathie, la présomption et le leste du ministère du Roi, autrement,

Critique du *discours* d'ouverture qu'il a mis dans la bouche de S. M.,
commencée,
par la demande d'audience, ci-après,
de Paris, le 1er août 1834,
avant d'avoir entendu l'opinion;

Car il semble que c'est un sort attaché à l'autorité suprême, ou à celle ministérielle, qu'elles baissent, par l'exercice, et deviennent méconnaissables, en mérite, quand elles touchent aux capitales où elles n'aiment plus que les flatteries qui les endorment et les perdent.

Audience, S. V. P.

M. Reys, rentier, âgé de 73 ans, ancien électeur et même éligible, de Paris, habitant aujourd'hui, le *Loiret*, à Sully-sur-Loire, a l'honneur de demander une audience particulière, assez longue peut-être, aux députations du *Loiret* et de la *Seine*, dans les personnes, à son effet, réunies, de MM. les ctes. Jules de Laroche Foucauld et A. de Laborde, tous deux aides de camp du Roi et députés, lesquels seront libres de s'adjoindre, M. le baron Roger, de l'arrondissement de Gien dont est le requérant, l'objet spécial de cette audience devant être l'intérêt du Roi et de sa dynastie dont les dignité, puissance, et considération, tiennent, essentiellement, au maintien de la charte, ni chaude ou exaltée, ni froide ou modérée, mais tout simplement naturelle, et à leur empressement à prendre, eux-mêmes, l'initiative et la gouverne du vrai libéralisme vainqueur, pour n'en être pas écrasés par le prestige qu'y savent donner les ambitieux ou les intrigans.

Et, pour commencer,

sur le discours du Roi,
qui ne devrait pas laisser un seul mot à reprendre.

Avant son discours, la cause du Roi était belle et bonne; depuis, elle ne vaut plus rien dutout. Faire de la rodomontade avec le peuple, son souverain, dont il a dû fustiger les deux partis exaltés et les plus injustes, mais *forts* par *leur réunion*, en torys et radicaux remuans dont les ramifications, l'âme et les bras *s'étendent* à tous les états puissants de l'Univers, y pense-t-il, le Roi des Français, ou bien, ignore-t-il que jamais, depuis que notre peuple existe, nous n'avons manqué de nous lever, tous ensemble et soldats compris, contre les puissans fanfarons qui nous ont présenté un joug maladroit à porter? Qu'il consulte là-dessus, Charles-Quint.

Mais voyons, du moins, les prodiges de sagesse et de valeur qui peuvent faire pardonner, à notre Roi, le ton satisfait et tranchant dont il paraît prendre avec nous, Français, l'habitude; car, je le demande, à qui peut-il mieux appartenir d'apprécier ici le Roi ou son gouvernement qu'à celui qui, les confondant, l'un et l'autre, les a tous deux, pleinement justifiées, le 20 mars dernier et avant le fâcheux avril d'après, contre trois sortes de brouillons, ou calotins, ou carlistes, ou républicains, mais tous trois réunis et s'entendant pour le ou les tuer politiquement, comme ils l'ont encore voulu faire dans les dernières élections? Ainsi, en attendant la légitime représaille, sur mes écrits, de la part du ministère, entier, ici pris sur le fait,

SÉANCE ROYALE DU 3r JUILLET 1834.

Charte de 1830.

Discours du Roi.

———

Messieurs les Pairs, Messieurs les Députés,

C'est toujours avec une *vivo satis-faction* que je me retrouve au *milieu* de vous.

L'opposition fait-elle partie de ce milieu là, et inspire-t-elle, au Roi qui la *retrouve*, plus ou moins forte que la dernière, une *aussi vive satisfaction* que celle sentie par sa majesté dans le *milieu* dont il s'agit? Alors, point de doute, le Roi a dans le cœur un pur amour de la justice et de la vérité qui l'éclaire.

Je suis heureux sur-tout de vous voir réunis autour de moi, au moment où le *suffrage national* vient de se manifester avec tant d'éclat.

Suffrage national : l'entente est au diseur, chacun le voit à sa façon, et chacun a ses notes là-dessus. Mais qu'il me soit permis, à moi, de lire ici un article par moi réfuté sur les élections dernières de Paris. M.le c.te A. Delaborde sur-tout y figure, personnellement, et ne m'en voudra pas sans doute, de l'avoir vengé du *folliculaire* qui l'entreprit.

(Article.) (1)

Il a *consacré*

N'abusons pas comme les prêtres, de ce mot à rayer du vocabulaire français.

cette politique *libérale et modérée* que les chambres, dans les sessions précédentes, ont si loyalement soutenue.

Mais si votre *juste-milieu*, Sire, avec et par ses instruments, s'est nommé lui-même, quelle conséquence tirer de votre certificat?

C'est la politique de la charte.

Où la charte dit-elle cela, Sire, s'il vous plaît? Laissez-la donc toute nue comme la vérité.

La France *veut* le repos,

Entendez-vous par lui, l'indifférence et l'égoïsme de ses citoyens? alors, elle se suicide.

sous l'égide des institutions tutélaires

C'est-à-dire de sa monarchie; mais la vôtre, Sire, est-elle toute républicaine, comme la charte l'a faite? car, elle aussi, elle a ses bornes et ses règles, en son institution, hors lesquelles le Roi n'est plus qu'un homme.

que sa sagesse et son courage ont *préservées* de toute atteinte.

Et si votre monarchie, Sire, s'en était elle-même *préservée*, à l'aide de soldats, neutres par essence entre leurs concitoyens et leur Roi, eux à vous confiés seulement pour défendre le sol français contre l'étranger, ou ramener celui-ci à l'équité pure envers la France, aussi leur bonne mère et chère patrie?

Mon gouvernement s'est *efforcé de répondre à l'attente de la nation*, et le succès n'a point *manqué à notre persévérance*.

Permettez-nous, Sire, de *prendre acte* de vos *déclarations* en cela.

(1) Cette article est dans la suite de l'ouvrage de l'auteur.

Partout où de *criminelles* entre-prises ont suscité une *lutte déplora-ble*,

Celle des trois *glorieuses* journées de 1830, était noble et innocente, n'est-il pas vrai, Charles X? Au reste, Sire, si vous nommez ces entréprises des *luttes déplorables*, arri-vassent-elles, chaque jour, au corps défendant des lutteurs, vous les *ennoblissez* et elles ne sont point *criminelles*.

la *cause nationale* a *triomphé*;

C'est selon, car chacun la voit à sa façon.

Peu de combats finissent autrement que cela; mais heu-reux le vaincu, qui a la justice et l'honneur pour lui; un jour, il triomphera de son vainqueur. En France sur-tout, chacun finit par là.

la garde nationale et l'armée,

Elles ont bien raison de s'entendre, car l'ordre avant tout, éclaire tout; après quoi chacun son à part, son opi-nion et son allure. Mais si l'armée, à la fin, ne sait plus vaincre que des hommes sans armes, ou que des Français se plaignant d'elle?... !... !

dont vous apprécierez, comme moi, le noble dévouement, ont réprimé le désordre avec autant d'énergie que de fidélité; et la *pénible exécution* des lois rendues dans la session der-nière,

Que peut avoir de *pénible* l'exécution des lois d'ordre, quand la justice et la liberté ne sauraient exister par-tout sans lui, et quand tous sont d'accord de ce qui est la sagesse et le bien?

a prouvé l'impuissance des *perturba-teurs*

Mais toujours le fer et la poudre seront plus sûrs, pour l'injuriant qui s'en sert, et plus *expéditifs* contre les bras désarmés, ou manquant d'eux; heureusement les montagnes ne se rencontrent pas en France.

et ramené la confiance dans les es-prits.

Quoi de plus *volatil* que des *esprits*? ah! c'est la confiance dans l'ordre, l'économie et la moralité du gouvernement ou de ses suppots stipendiés, qui est bien meilleure et plus sûre que le *précaire avantage* de respirer, enfin, un mo-ment, le bâillon à la bouche!

Nous en recueillons les fruits.

Tout le monde convient-il de cela? Ou bien ces fruits, pour la plupart, ne sont-ils qu'un feu follet *cru* de la pros-périté par qui n'en saisit pas la cause et l'effet après une longue syncope!

Notre industrie et notre commerce redoublent d'activité.

Y a-t-il *activité* à se remuer beaucoup, sans *fruit*, ni pour sa bourse, ni pour son ame, ni pour son cœur, ni pour son esprit? Est-ce *vendre* que de remuer sans cesse ses ballots; *travailler*, que de ne pas vendre, boire et manger?

J'en ai contemplé, avec bonheur, les *résultats* dans cette grande *expo-sition*,

Et moi, dans le redressement des bossus que je crois, aussi, plus malades, après qu'avant.

qui a montré combien de conquêtes nous sont déjà *assurées*, combien d'*espérances* nous sommes en droit de concevoir.

Je n'espère, moi, qu'en *Dieu* et que dans la *mort*, au siè-cle des antropophages et de leurs flatteurs.

Elles se réaliseront, à la faveur de la paix,
sous la *direction* d'une administration
active et prévoyante,
par *l'influence* de lois *sages*
qui, en secondant,

Des tombeaux,

Ignorante et captieuse,
Mais engloutissante et coûteuse,
Où les mouches se prennent aux toiles d'araignées,
A force de *mal-employés* et d'êtres, tous, inutiles ou dangereux,

les *progrès* de notre agriculture et de notre industrie,

Qui ne vous demandent, Sire, que de les laisser faire et de n'entraver la circulation et le débouché, de rien et en rien, soit au-dehors, soit au-dedans, par aucuns autres droits que le prix d'un contrôle établissant, par écritures et tableaux, la *balance du commerce*, boussole des opérations, générales et particulières, des nations et des *individus* qui *assureront* votre fortune gouvernementale, par des droits, pour vous, *sur celle* que vous leur conserverez ou leur ferez faire ainsi : par exemple, M. Joseph de Villele, mon ami, n'en savait, pas plus que vous, Sire, là-dessus ; mais il sut économiser les fonds mis en sa disposition, réparer des torts, soutenir son système et, laissant faire l'agriculture et l'industrie, elles produisirent trop, a dit un député, ou du moins, la France prospéra, jusqu'au moment où, après avoir remboursé du 3 pour 0/0, opération qui doubla le prix des propriétés à Paris, il crut que plus ladite France s'imposerait, et plus elle montrerait et accroîtrait sa richesse mobilière, qui bientôt s'éteignit.

ouvriront, à notre *commerce*,

Savez-vous, Sire, ce que c'est que le commerce, vous qui n'allez pas recevoir des lettres et billets de change ; qui n'en rapportez pas le montant sur vos épaules ou sur vos bras ; vous qui n'allez pas faire, à la douane, aux droits réunis et à l'octroi, de toujours bien mauvaises affaires ? Car, Sire, si vous n'êtes, hélas ! qu'un maître d'école *suisse*, vous n'entendez rien au commerce ni aux matières d'état que vous nous enseignez, croyez-vous ?

de nouveaux *débouchés*;

Oh ! le bon débouché *nouveau* qu'il aurait, notre commerce, si la France entière était le port, franc et libre, mais ordonné, où l'*Univers*, même *non chrétien*, viendrait *déposer* ses productions diverses, sûr qu'il serait de l'ordre, de la bonne foi et de l'union réciproque des Français, et puis s'occuperait de les échanger, ces productions, contre les nôtres, sans autre grapin financier ou mystère commercial, même pour nos blés roulans, que de simples inventaires, sans dîmes, à leur récolte ou entrée, que des acquits à caution dans leurs mouvements déclarés, après que, chaque année, le gouvernement, quant aux blés, aurait eu assuré, chez les laboureurs mêmes, bons conservateurs, la provision de ses armées, assez abondamment pour qu'au besoin le peuple se ressentît de ce doux amortissement de leurs prix ou de cet encouragement d'agriculture donnant de la valeur à ses bras dans l'étranger !

et j'ai lieu *d'espérer* que la prospérité, toujours croissante,

Faites comme moi, Sire, de vos *espérances* une réalité, et cela vaudra mieux encore ; et vous ne nous tromperez plus, en innocent.

du pays, nous permettra
de faire face,

Dites : *Nous assurera*,

A six milliards, ou 60 fois cent millions, de dettes ou gaspillages effrénés, survenus depuis germinal an 8 jusqu'à ce jour, en emprunts de rentes forcés pour conquérir, et puis, recracher la domination des Rois d'Europe, n'est-ce pas ? car c'est ce laborieux et actif peuple français qui est grevé et le doit être, pour ses péchés, de cette charge là qui a enrichi les intrigans et assuré la souveraineté des agioteurs, en attirant tous les fonds vivifiants de l'agriculture, du commerce, de l'industrie et des manufactures de la France, à la roulette, de Paris, où ils dorment, *stériles*, sous les lits des joueurs, et sont bien éloignés d'y remplacer l'ancien crédit honorable des riches banquiers, avant que *la banque*, de cette France, ne battît monnaie, elle qui ne devait exister que pour et jusqu'à la réorganisation du crédit commercial égaré dans les flots des révolutions.

aux dépenses publiques,

Quelle bisarrerie ou quelle monstruosité ce serait, n'est-il pas vrai, Sire, si désormais les seules dépenses publiques à faire se bornaient au paiement fixe des commissaires-compteurs et contrôleurs-savants, entre les gouvernants et ceux des gouvernés qui ont des propriétés mobilières et immobilières à préserver contre l'étranger ou contre ceux qui mésuseraient de leurs bras, dont le travail serait franc et libéré de tout impôt, hormis celui personnel utile à l'armée commune, de tous, dirigée par le Roi, comme par le passé, et qui retiendrait le peuple content avec un fil seulement !

avec les ressources ordinaires de l'état.

Que de ressources il aurait de trop, cet état d'association, en lui ôtant toutes les fausses qu'il a maintenant, pour l'amener, lui et tous ses individus, à faire, en toutes choses et personnes, avec une moitié de moins, une moitié de plus !

Les lois de *finances*

Dites donc, Sire, d'administration ; car la prospérité du fisc ne doit jamais qu'être proportionnée aux succès, causes et effets de la prospérité publique, laquelle ces lois ont à procurer et mesurer en tout.

seront soumises à vos délibérations,

Où MM. les Pairs et Députés ont ils appris à délibérer, sainement, sur les finances et l'administration ? J'aimerais autant m'en rapporter à des aveugles sur les couleurs ; mais si des règles et principes fixes leur apprennent à distinguer ce qui est utile de ce qui est onéreux à la prospérité publique et individuelle, alors j'entends ce que veut dire le mot *finances* en ce sens.

à l'époque assignée par les *règles* de l'administration.

Fi ! de ces règles actuelles : elles n'ont pas le sens commun.

Les lois qu'exige l'*exécution* des traités,

Si les dépenses en sont faites *incognito*, accusez-en les ordonnances par vous fournies, et dont l'abus peut être sujet à caution.

et celles *qui sont encore* nécessaires pour l'accomplissement des promesses de la charte,

Si la loi en est déjà faite par cette charte, il n'y a encore lieu qu'à des ordonnances sujettes à caution, à moins de fausse et criminelle fiction ou interprétation de ses dispositions précises et naturelles qui donneraient lieu à accusation.

vous seront présentées, de nouveau, dans le cours de cette session.

Gare les complications, changements de titres et aberrations; car l'ordre est bientôt remplacé par le désordre et le chaos, en finances sur-tout. J'ai rendu bon compte, en l'an 8, de 103,842,102 l. 9 s. 9 d., faisant 102,560,100 f. 84 c. et, pour cela, je fus chassé en l'an 9.

Je n'ai qu'à me féliciter de nos relations avec les puissances étrangères.

Et moi aussi, car je n'y vois goutte; mais je préférerais qu'elles vinssent me chercher chez moi, plutôt que de les aller chercher, moi, chez elles : ô le bon temps que celui de Napoléon à cet égard !

Les dissentions intestines qui désolaient le Portugal ont atteint leur terme.

La liberté, la raison et la vérité y ont donc pris enfin la place de la vile cagoterie; bref, il n'est pas, jusqu'à l'Espagne, où l'on n'ait détruit l'inquisition et réduit l'esprit prêtre et moine à sa valeur; mais tout cela va revenir en France.

J'ai conclu, avec le Roi de la Grande-Bretagne,

Et si la Russie, la Turquie, l'Autriche, la Prusse, la Suède, le Dannemarck, la Norwège et le Piémont n'entendent pas cela? Que n'a pu, contre vous deux, la seule Hollande?

la reine d'Espagne et la reine de Portugal,

Pour coucher avec elles, sous les prétextes de l'accroissement des familles et amis de Rois, comme pour opprimer et dépouiller les peuples, du dehors et du dedans, en ce qu'ils ont de plus cher, la liberté.

un traité qui a déjà exercé, sur le rétablissement de la paix, dans la péninsule, la plus salutaire influence.

Il est vrai que ce traité met toutes les chances et les meilleures positions maritimes à la disposition de l'Angleterre et de la France, pouvant ainsi faire des démonstrations partout; mais laquelle de nos deux puissances en fera le mieux son profit et laquelle aussi, des deux, sera mise en campagne pour l'autre? Histoire, parlez.

Toujours intimement uni avec l'Angleterre,

Pour moi, je voudrais que cette intimité avec tous étrangers fût basée sur du solide bien combiné, tant par terre que par mer, où je crains le vent.

je m'occcupe, de concert avec mes alliés, de la situation de l'Espagne

Si vous le faites, ne le dites pas. Au surplus, mettez-y cent mille hommes, en Espagne, et 300 millions; vous en retirerez 5,000 soldats déguenillés : histoire, parlez, et vous, peuple français, notre Souverain, courez et payez.

où sont survenues des complications nouvelles,

Il y en avait bien d'autres, en Pologne, jadis ! Est-ce de l'intervention ou de la non-intervention qu'il faudra nous justifier? Avec une épée à deux tranchans on fait mieux ce qu'on veut.

qui appellent, de la part des puissances qui ont signé le traité, du 22 avril, une *sérieuse attention.*

Stupete, gentes, devant les juges et parties !

L'état de l'Orient est rassurant ;

Trois Mages en vont arriver, dans une étable, à Beth-léem : une étoile graisse ses bottes pour les conduire jus-ques-là, et s'y fixer sur la lampe de l'accouchement.

et *tout annonce* que rien ne troublera la paix dont jouit l'Europe.

Il faut être, tout au moins deux souverains, et compter ses désirs comme effets accomplis, pour parler ainsi, avec tant de masques cachés derrière le rideau ; mais, Dieu merci, notre Roi veille et mon amour pour la France aussi.

Je compte, Messieurs, et je comp-terai, en *toute occasion*, sur votre loyal concours. Je ne connais d'autre intérêt, je ne forme d'autre vœu que ceux de le France.

Oh ! que c'est bien dit !

Affermir nos institutions, rallier au trône et à la charte, tous les bons Français, en réprimant

Qui encore? Gare les manies !

les *tentations isolées*

Oh ! je sais perdu !

ou *combinées*

Car *je combine* pour sauver notre Roi et sa dynastie ; mais rien ne se ressemble mieux que la sagesse et la folie. Napoléon et Charles X se sont perdus : ils l'ont voulu, en n'é-coutant personne à temps.

des fractions contraires, c'est l'uni-que but de *mes efforts* ; et ma *plus douce* récompense *sera* cette *affec-tion de ma patrie* dont les *témoigna-ges* excitent *toujours*, en moi, une *sympathie si profonde.*

Je laisse, aux cercles à la mode, de dire sur ce casse-cou : « Il n'y a pas de quoi, Sire. »

Paris, 1ᵉʳ août matin 1834.

REYS, *rentier*, de Sully.

Suivent, après, la *justification du Roi*, au 20 mars dernier, et les menées des renards, au changement, en avril, du ministère, pendant lequel : « Qu'on se « batte, qu'on se déchire ; peu m'importe, c'est un délire ; et j'irais me faire assommer ! »
Je suis, avec un très profond respect,
Sire,

de Votre Majesté,

. Le très-humble, très-obéissant et très-fidèle sujet.
REYS, *rentier*, de Sully.

Paris, les 27 juillet, 1ᵉʳ et 5 août 1834.

COPIE.

Reys, de Sully, présentement à Paris, rue de la Montagne-Sainte-Geneviève n° 22, au Roi, lui-même, à son lever.

Sire,

Me trouvant prêt à me faire connaître de MM. Jules de Larochefoucauld et A. de Laborde, vos aides-de-camp et mes députés, tant du *Loiret* que de la *Seine*, dont je fus électeur et même éligible autrefois, à l'effet d'obtenir, par eux, une audience de vous qui pourriez prendre goût à la prolonger ou répéter, un point arrête ma délicatesse ; c'est qu'ils devront savoir ainsi, avant vous, que si je sais battre votre Majesté et son ministère, je puis ou sais, en revanche, et les défendre et les servir, tout aussi sincèrement, même faire, pour eux, des miracles d'admi-nistration et presque de gouvernement, deux points où la sagesse s'allie si bien à la puissance vertueuse.

Que si vous approuvez, Sire, ma discrétion, dont je fus, 20 ans, le modèle auprès de Napoléon et dont j'ai fini par devenir la victime, vous m'accorderez, avant les grands travaux des chambres, une bonne audience première, vous-même, directement, et y éprouverez bientôt qu'en ce qui est du maniement de la parole du moins, j'ai grand besoin de votre indulgence.

Je suis, avec un très-profond respect,

Sire,

de votre Majesté,

Sully; je dis : Paris, le 5 août 1834,
à quatre heures du matin,
je dis, à trois heures sonnant.
(Adresse).
A sa Majesté
Louis-Philippe Ier, Roi des Français,
à lui-même,
(à son lever, du 5 août, s. l. p.)
aux Tuileries.

Le très-humble, obéissant
et fidèle sujet.

REYS, *rentier*,
plus que septuagénaire et
toujours isolé, inconnu
volontaire, comme par tempérament.

N. B. La lettre, ci-dessus, a été mise, par moi, Reys, au bureau de la poste, 64, le 5 août 1834, à cinq heures, moins un quart du matin. Comment penser que le Roi, dont l'accès est si facile, dit-on, n'ait point accordé l'audience y demandée? C'est donc celui qui décachète ou celui qui analyse les lettres adressées au Roi et ignore son métier, qu'en imprimant, je dénonce ou tends à découvrir ici.

Le soir du 5 août 1834,

REYS, de Sully, présentement à Paris.

PRÉPARATION AU BIEN,

ET

CONTINUATION DES CIRCULAIRES DE SEPTEMBRE 1830,

en attendant l'impression , toute prête , de la *justification du Roi*

faite, au 20 mars 1834 ,

et la rentrée du corps législatif ,

au 29 décembre prochain.

Amendement et école du Roi des Français et des deux Chambres françaises ;

OU

leur retour à la sagesse qui , seule, amènera ce bien des personnes et des choses.

> « La nation , la loi et le Roi ,
> » (1789 et 1830);
> » Mais , avant comme après les chambres
> » et le Roi, parlez, opinion, reine du monde ».
> (Charte de 1830) ;

Et, pour vous, Imprimeur et Direction,

« Cet ouvrage ne ressemble à rien, ni à aucuns autres ouvrages des factions ; ce n'est point un en-
» nemi de l'ordre qu'un auteur sage ; c'est au contraire Dieu lui-même , qui s'élève , au-dessus de
» tous, pour le salut et le bien de tous : à quoi leur servirait leur Charte, si personne n'osait en user
» pour rendre sages, heureux et prospères le plus grand nombre des Français ? Le grand Sully fit
» et fit faire ses *Mémoires ;* ici, ce sont des *Circulaires* , et ces circulaires sont d'utiles et profondes
communications, à la portée et pour l'instruction, par le bon coin, de tout le monde ; et à qui donc
s'adressent-elles pour descendre au peuple ? C'est au Roi, à ses ministres importants et aux membres de nos deux chambres : qui croira que ce puisse être, sans fruit, qu'un seul se mette contre
tous et ne désespère pas de remporter la victoire, qui est déjà et dans son cœur et dans son esprit ? Que
le fisc entrave la justice et le bien ; que la magistrature politique varie , selon les hommes et les
temps ; du moins l'auteur , si on l'inculpe, a le droit de demander la lecture de son livre , et de re-
pousser le maléfice des dissections et de l'interprétation, enfin le jugement des esprits faux et des
ignorants, sources de tous les maux.

Paris, le 18 août 1834.

REYS,
Philosophe français.

Reys, de Sully, à la femme Dautry, jeune, dite Joséphine, chez ledit sieur Reys, rentier,
par Gien, à Sully-sur-Loire (Loiret) (1).

Ma chère Joséphine,   Paris, 15 août 1834.

On ne m'a remis qu'hier, 14, à neuf heures du soir, votre lettre du 12 août courant, laquelle, étant
tombée parmi de vieux journaux, y a été oubliée, du matin au soir dit.

C'est par économie que vous avez reçu, par la diligence, douze exemplaires et deux lettres-paquets
du passe-port que j'ai cru devoir me donner pour avoir le pied blanc par-tout et courir, plus facilement, deux lièvres, non pas à la fois, mais l'un après l'autre, sans m'occuper de votre opinion et,
bien moins encore, de celle des méchants au nez desquels je garde une place dans ma culotte. Quant
à mes créanciers, ne leur ai-je pas dit, publiquement, le 17 mai dernier, et, par écrit, le 26 du mois
expiré : « Qu'il n'est jamais trop tard pour bien faire » ? mais, à moi, s'il leur plaît, en cela , les
moyens ; car je n'en ai pas pour guérir les maladies incurables , comme la défiance et la peur ou la
tracasserie dont on n'est pas mal attaqué dans Sully où je sais pourtant distinguer, d'entre les malades du cerveau, mes véritables amis, et où j'engraisse de mes troupeaux détruits par moi.

---

(1) Faites lire ceci par qui sait lire, et, par exemple, par M. Jarry, à mes amis et créanciers réunis et conséquents
avec eux-mêmes, ainsi que je les crois tous.

Ainsi, notre Joséphine (car c'est le cas de dire *notre* aujourd'hui), vous avez pris, sur vous, de disposer de quelques-uns de mes exemplaires, sans ordre de ma part? Hé bien ! vous m'avez fait de grands ennemis. Au surplus, il est bien temps qu'on sache qu'on ne vexe jamais un philosophe impuné- ment, bref, qu'à la course de l'esprit, j'arrive toujours plus vite que les jeunes gens et les frappe aussi fort qu'un Hercule ; comme remède donc à votre fait, priez ceux qui feront, à vous ou à moi, la moue, de faire leur *examen de conscience* et de dire leur *meâ culpâ*, à moins qu'ils ne veuillent que je les mène plus loin, car je suis un grimaud peu facile à manier.

Maintenant, c'est *à moi-même* que je dois de rendre, par vous, Joséphine, compte, à mes créan- ciers et amis, de la *seconde partie* de mes efforts ; et, quand je mets, pour épigraphe à la lettre sui- vante : « La faim chasse le loup du bois », commencent-ils à entendre enfin ma langue ? Et si, en loup bien affamé, je n'eusse fait des excursions dans les domaines qui m'environnent, qui, bon Dieu! prendrait garde à moi? Mais ce n'est point assez de m'élever d'*un* cran, il m'en faut *deux*, pour voir mon monde de plus haut. Sur quoi, et, faute d'autres nouvelles,

COPIE.

Reys, de Sully, à S. Ex. Mgr. le maréchal comte Gérard, Ministre de la guerre et Président du conseil des ministres, hôtel du ministre, à Paris.

Au Roi des Français, par S. Ex. le maréchal Gérard, (s. v. p.)

« Ici, la faim chasse le loup du bois. »

Sire,

Je vous félicite des adresses de la chambre des Pairs et de celle des Députés; la première, je ne l'ai pas lue, mais les tours de force de ses facteurs et adhérents m'étant connus, je la devine et c'est assez. J'ai mis un autre empressement à rechercher la lecture de la seconde, attendu que mes distri- butions de *Circulaires*, à messieurs les Députés, élus pour organisation d'entre eux, ayant dû être faites, à eux-mêmes, le 11 de ce mois, vers onze heures du matin, dans leur salle des *conférences*, il y avait, pour moi, curiosité légitime d'aller, en un cabinet littéraire, reconnaître le parti qu'ils auraient pu tirer de mes réflexions pures et vraies; mais feu M. Benjamin de Constant remettait, lui, pour après chacune des sessions de la Chambre, à lire les écrits qu'on lui adressait pour le jour ou le lendemain de leur envoi; et, qui, d'entre messieurs nos Députés, ne vaut pas M. Benjamin Constant en cela ?

Aussi, Sire, leur adresse est, entièrement, vide de sens, de vérités, de moyens et de remèdes, à tel point que, si j'étais Roi en votre place, je demanderais, pour lui répondre dignement, à la chambre des Députés, dans les porteurs de son adresse, si elle a entendu se moquer de moi, en *pré- tendant* éclairer mon esprit et guider mes pas futurs dans la carrière du gouvernement ou de la législation de l'*état d'association* des gouvernants et des gouvernés de la France, comme elle le fait en son chef-d'œuvre d'érudition *à la papa*? Ah ! heureusement, Sire, je ne suis pas Roi des Français; mais voyez, en revanche, combien je suis *innocent* de mes écrits! pas *un* ne les lit, pas *un* n'achète un pauvre *exemplaire* de mes *dernières circulaires* : Ou messieurs les Pairs et Députés manquent de *bon sens*, ou bien c'est moi qui avais perdu *le mien*, quand je leur fis, à domicile, pour les Pairs pressés de *faire* et de s'en aller, et, à leur chambre, pour les Députés, (*hargneux* envers M. *Janvier* mais d'ailleurs toujours prêts à vous caresser, à vous plaire et à vous charmer), la distribution de mon *gigot de mouton*, pour *leur semaine*, gigot dont, je crois, vous avez *goûté*, par appétit de guerre, comme aura fait le duc d'Orléans, votre fils, par appétit de présidence d'un des bureaux de ses *chers Pairs*.

Quoi qu'il en soit et, sauf erreur de compte, c'est ainsi que je commence la page une des deux feuilles d'impression dont, le 9 de ce mois courant, j'ai fait remettre deux exemplaires, tirés la veille, pour vous, Sire, et lui, chez M. le maréchal Gérard : « Y a-t-il, en France, un homme de *bon sens*?» au moins, dans le doute, (car je ne sais pas comment mon ancien ami, M. le duc Jh. de Villele, recevra, de moi, à Toulouse, son *cher paquet*), j'ai, seulement, *suscrit* mon nom, à *son adresse*, et lui ai fait mon envoi, sec et sans l'affranchir à la poste, envoi, à cet égard, différant donc de trois autres que je lui avais faits, de Sully, l'an dernier, un peu avant et vers cette épo- que actuelle de l'an, lesquels premiers envois j'avais affranchis, en croyant alors ne perdre, à cela, ni mon temps ni mon argent, pour *la morale*.

À l'égard de M. Vion, curé-capitaine, chef de bataillon et instituteur, mon ami du tiers-état aujourd'hui, j'ai ménagé sa bourse, comme si c'était la mienne propre, et ce sera, sans payer et chez lui où on le portera, qu'il recevra aussi *son paquet;* mais, pour M. Lucien Bonaparte, ayant vu, moi, comme naguère il écrivait, à nos derniers électeurs de France, par l'entremise du *Morning Herald,* journal anglais, je lui ai adressé, franc de port, *le sien,* par ledit journal, à Londres, sans lettre ni réflexion, le mettant, en cela, aux mêmes niveau et traitement que M. de Villele.

Au contraire, Sire, en adressant *mon doux paquet* au Roi de Hollande, à lui-même directement, avec une belle *lettre de moi,* j'ai fort bien fait de *l'affranchir* jusqu'à La Haye; car il n'a pas le droit ni le pouvoir de dépenser l'argent-tribut des Hollandais, en des colifichets de France, semblables aux miens. Hélas! d'autres, *en ma place,* sauraient lever ces scrupules là; car, tenez, Sire, hier, 13 du courant, j'ai vu, chez lui, M. Claude-Louis Salleron, ex-maire du douzième arrondissement de Paris, mon débiteur, cessionnaire de la petite rente alimentaire, de 1,260 fr. dont *je ne vis plus,* grâce à lui, depuis vingt-sept mois que, décidément, il a fait, de moi, un mendiant; et, comme il se *débarrassait* de moi, en se rejetant sur *sa cession,* laissons-là, lui dis-je, ce chapelet. — Comment! un *chapelet,* me répond-il? — Monsieur, lui répliquai-je, rabattez, avec moi, votre susceptibilité, elle ne vous va pas, à vous qui m'avez ôté le pain de la main, à vous qui avez dû hériter, après votre désastre prétendu, de votre oncle et parrain, l'ex-député, Claude Salleron, et de votre propre fille, madame Passy, dont l'époux, alors votre gendre, est le frère de M. Passy, l'un des vice-présidents de la Chambre actuelle, à vous dont le frère, Augustin Salleron, semble ne vous remplacer, que par *intérim,* à la mairie du douzième arrondissement dit, à vous qui avez encore deux autres frères immensément riches, dit-on, et d'honneur et de fortune, à vous qui vous jouez, toujours, de ceux qui voudraient *trancher* avec vous, parce qu'à la vérité ce sont des administrateurs ignorants et sujets à revenir sur leurs pas (MM. le comte de Bondy et le ministre Thiers), à vous enfin qui, je le vois et l'entends ainsi de vous, restez, de fait, ce que vous fûtes, mais sous le titre de gérant d'un marquis ayant de l'argent de trop à manger avec vous apparemment; en quoi, vous le voyez, Sire, durant une heure, il me parla raison, après son début immoral, ce qu'il n'avait pas fait, avec moi, depuis sa lettre mensongère, du 1ᵉʳ août 1831, lettre où il me demanda un premier délai!!!...

Mais, voyez, à présent, ma lettre, d'hier 13, au Roi de Hollande, en la suivante

COPIE.

Reys, de Sully, à S. M. Guillaume Iᵉʳ., *Roi de Hollande ou des Pays-Bas,* (à lui-même), *à la Haye.*   *Reys.*

Sire, mon royal hôte et mon libérateur,

Votre *bon sens* me préserva, dans les derniers jours de mars 1815, du faux zèle de monsieur votre procureur-général, à La Haye, ne comprenant pas, lui, que le *correspondant secret* de Napoléon, rentré vilainement, le 20 desdits mois et an, à Paris, pût être un honête homme; car Votre Majesté lui dit alors : « M. Reys me demande, pour *censeur journalier* de ses divers écrits futurs aux » souverains, M. Wiselius, mon ministre-directeur de la police d'Amsterdam, pays de liberté pour » tous où son estime et sa reconnaissance, datant, me dit-il, de ses jeunes ans, envers mes savants, » bons et francs Hollandais, l'attachent principalement et où donc il a fixé le lieu de son émigration » patriotique occasionée par le retour funeste, en France, du fléau de la vérité pure qu'il lui avait » pourtant écrite, vingt ans, comme de ses aveu et consentement, ajoute-t-il; et moi qui, tout au » contraire de vous, crois en la bonté de celui dont je vois la franchise unie à la modération, à la » science et au discernement, je suis d'avis, répétâtes-vous, à votre premier magistrat passionné en » ses visions, d'accorder, à M. Reys, sur lequel je n'ai que de bonnes notes d'ailleurs, sa demande. » ce que fit, en effet, Votre Majesté, et ce dont voici, Sire, le résultat, eu la *copie* suivante du

Certificat de M. Wiselius.

« La moralité et les vues politiques de M. Reys, ayant été commises à la Direction de la Police » d'Amsterdam, ont été tellement connues sans reproche à elle, qu'étant requise, elle n'a pu se » refuser à délivrer audit sieur Reys, le présent certificat destiné en outre à mettre à couvert ses » écrits sur Napoléon Buonaparte dont il fut la victime, lesquels écrits, imprimés ou manuscrits, il » remporte avec lui que son passe-port fera reconnaître.

» En foi de quoi nous lui avons délivré le présent, pour lui servir en cas de besoin.
» Amsterdam, le 25 juillet 1815. Le Directeur de la Police.,
» *Signé :* Wiselius (1). »

Ainsi, Sire, vous le voyez, mon métier fut de correspondre, discrètement, avec les grands et même avec les Rois, depuis presque cinquante-six ans, et, je dois vous le dire, ce fut bien moins pour eux-mêmes que parce que, de leurs droite ou fausse manière de voir les personnes et les choses, dépendent ou le bonheur ou la tourmente et l'infortune d'eux, de leurs familles et de leurs sujets. Malheureusement, les Rois ne sont pas tous, Sire, de grands Rois, comme vous, leur Nestor, et tous n'aiment pas à lire la vérité discrète, comme vous ; ils préfèrent se dire : « Ce que je ne sais pas faire » ou ne conçois pas, quel autre peut le faire et le démontrer ? »

Pour moi, quand, le 5 du courant, je demandai, par écrit, une audience à mon Roi actuel, ainsi que vous pouvez le voir, Sire, aux pages 13 et 14 terminant les deux feuilles d'impression ci-jointes, c'était pour lui remettre, à lui seul et discrètement, le manuscrit, net, lisible et correct, qu'ici vous verrez imprimé, faute de réponse à ma demande, et distribué, à lui-même, par son plus fidèle et plus sûr ministre actuel, M. le comte maréchal Gérard, selon ma lettre écrite à celui-ci, le 10 du courant, ci-après, à aucuns autres ministres, pour ne pas faire mon tri entre eux, mais aux deux Chambres françaises, dans leurs élus en chaque fonction, et jusqu'à MM. Lucien Bonaparte, de présent à Londres, et le duc J^h. de Villele à Toulouse, l'un et l'autre, successivement, mes protecteurs ou amis évidents par les lettres que je tiens d'eux.

Oh ! Sire, un bon tour de philosophe auquel M. Lucien, prince de Canino, ne pensera pas, j'en suis sûr, ce serait de faire traduire et imprimer, en Anglais, la première petite livraison dite ci-dessus, et formant, elle, un *échantillon* inutile, jusqu'ici, pour des Français sans *bon sens*, de ce que je puis faire ou fournir, à d'autres qu'eux, dans une semaine, en y commentant, de son côté, ce qui pourrait lui paraître inconvénant, quoique tout soit mis là pour de bonnes et profondes raisons ; car il y a, certes, en Angleterre du moins, comme dans la Hollande, des hommes très capables d'apprécier et faire sentir même, à l'instar de Smith, etc., les *moyens pour et remèdes à tout* que mon humanité m'y inspire ; mais je n'oublie pas que je dois ici m'acquitter, avant tout, à l'égard de mon Sauveur royal dont la sensibilité du cœur, la justesse et la prestesse de l'esprit, et l'honneur de l'âme sont inépuisables en lui et à qui je ne saurais trop expliquer, à défaut d'autres Rois dispos, mes vues politiques : pour quoi elles sont contenues, quant au présent, dans la *copie annoncée* qui suivra cette lettre actuelle où je vous supplie d'agréer que je me signe, avec amour respectueux et reconnaissance inaltérée par le temps,

Sire,   De Votre Majesté,   Le très-humble et très-

Paris, le 13 août 1834.   obéissant serviteur, REYS,

Vieux ou ancien propriétaire, et maintenant, petit rentier, à Sully-sur-Loire (Loiret), par et près Gien, son arrondissement où, dans peu, il retournera, à ce qu'il croit, édifié.

Suit la copie de la lettre de

Reys, de Sully, à S. Ex. Mgr. le maréchal Gérard, ministre de la guerre et président du conseil des ministres du Roi, à lui-même, hôtel du ministre, à Paris.

Monsieur le ministre,

J'ai laissé, hier, 9 du courant, vers quatre heures du soir, chez le portier de l'hôtel du ministre, pour vous être remis, à votre rentrée, les deux premiers exemplaires, qui furent tirés, le 8 d°, de la *dernière semaine* de mes compositions ou collections, cette semaine donc faisant *partie et echantillon* de mon onvrage récent et *intitulé*, comme *son principe*, de 1830, ... *Circulaires,*

(1) M. Wiselius retint et plaça, dans sa bibliothèque, le premier des dix tomes utiles qu'auraient eus, sans leur premier imprimeur, mes dernières *Correspondances secrètes* avec Napoléon, pour prouver, au besoin, l'exécration de la conduite du tyran à l'égard du plus fidèle de ses anciens sujets ou amis dévoués discrètement à lui, et pour montrer aussi la solidité et l'étendue de la science philosophique, commerciale, financière et politique de sa victime requérant ce certificat devant, en quelque sorte, représenter l'opinion, sur elle, du Roi des Pays-Bas d'alors, du Roi de France, S. M. Louis XVIII, ayant aussi joui de l'hospitalité chez le premier, et du czar des Russies, (Alexandre) tous trois souverains à qui j'adressais, alternativement, des écrits de circonstances, mais toujours fondés, en principes, sous les couvert, censure et timbre ou cachet de la direction certifiant, ici, après une épreuve de quatre mois de haute surveillance exercée chaque jour, par elle, à mon égard, surveillance dont je fis mon bonheur et, peut-être, l'adoucissement du sort réservé à la France, d'alors, que j'osai défendre, encore après, (dans mon volume dit : *Le Porte-feuille des Souverains*, et son annexe dite : *Échantillon des correspondances de Reys-le-Véridique*) ; du danger, pour elle, de l'amitié, protection et feinte de désintéressement des Anglais dévorateurs, par leur commerce, du nôtre et des contributions de guerre payées alors, par la France seule, à tous.

ouvrages, *ô tempora ! ô mores !* dont l'entier, avec tous ceux par moi faits en ma vie, ne tend pas à moins qu'à rafraîchir et réaliser, utilement pour tous, *le vrai juillet* 1830 (1), selon sa Charte *fidèle*, du 7 août, acceptée, le 9 d°, par son monarque élu et légitimé par *le peuple français* qui vaut bien, lui, un Dieu de fiction surnaturelle, et de manière à fournir une carrière, de cinq ans de gloire et de succès, à la nouvelle législature entrée sans plan mais sous les auspices d'une grande régularité et pureté d'élections (2), ouvrage, hélas! où la *critique nominative*, seule pure, du premier au dernier, est devenue nécessaire, ne fût-ce que pour *ré-agiter*, doucement, par un retour *sur le* et un jugement *du* passé historique, et *révolutionner*, ainsi, moralement et pour *le bien*, les esprits, et où elle n'a donc évidemment que ce but là auquel aussi se joint celui de remplacer le vice et la diffusion par la vertu et le talent, seuls agents sociaux propres à convertir les personnes et les choses du mal au bien et du faux au vrai (3).

Pourtant, deux exemplaires ! me direz-vous peut-être, Monseigneur ; et pour qui et pourquoi ? Je l'ai dit, vaguement, à la dame raisonnable qui les reçut pour vous ; mais je vous le redis, plus clairement, ici : c'est qu'en ce siècle où l'amour-propre d'un chacun l'emporte, dans lui, sur la cause et l'intérêt de tous, vous êtes, selon moi, le seul de ses ministres sur qui le Roi puisse compter, et qu'en pensant donc à vous ou à lui, je ne puis résister à mon envie de vous confondre, tous deux, comme le fit bientôt l'histoire à l'égard de Henri-le-Grand et du grand Sully.

Au reste, Monseigneur, j'ai audience, pour demain matin, chez M. le comte A. De Laborde, autre fidèle du Roi, et dont, avec le comte Jules de Larochefoucauld, il s'agit, en haut de la première page des deux feuilles imprimées ci-dessus ; en quoi, vous le pressentez déjà, je suis, ici, dans la seule vue du bien public où se trouve celui du Roi et de sa dynastie, pour y prendre le temps et la commodité tant de Sa Majesté que de Votre Excellence : mais j'ai, avec 56 ans de veilles et d'études des matières d'état, 73 années d'âge ; et, quoique assez dispos encore d'esprit, mes moyens et secrets ne vont pas jusqu'à pouvoir et savoir triompher, en fait du pauvre corps humain, de la nature et de ses décrets : jugez-en par l'effet de mon manque de vue qui m'a fait lire 64, au lieu de H, le bureau de poste figurant au bas de la dernière page de ma *première livraison*, en vos mains, ou de mon *échantillon* dit.

J'ai l'honneur d'être, avec respect,   Le très-humble et très-obéissant
    Monseigneur,   De Votre Excellence,   serviteur.
Paris, le 10 août 1834.   REYS,
               Rentier, de Sully-sur-Loire, rue de la Montagne
                     Sainte-Geneviève, n° 22.

            Au Roi des Français.
Je suis, avec un très-profond respect et dévouement,
        Sire,   De Votre Majesté,   Le fidèle sujet.
     Paris, le 14 août 1834,   REYS, de Sully,
Jour anniversaire de celui où l'auteur perdit sa   Rentier-viager, sans rentes, de M. C.-
femme, à Sully, et avec elle, 640 francs de rentes via-   L. Salleron, présentement, rue de la
gères, sur 1,900 fr., qui formaient, en viager, leur avoir   Montagne Sainte-Geneviève, n° 22,
commun, pour eux et trois de leurs entours obligés qui   au *café du Commerce*, ou Brisvin.
vivraient, de 1,260 fr., si Salleron ou la justice me payaient
l'arriéré et le courant.

                 A Joséphine.
Nota. Il y avait grande réception, chez le ministre, le 14, à huit heures du soir, quand j'y remis ma lettre ci-dessus.

J'embrasse Joséphine, son mari et leurs deux enfants, Marc et Domitille.

Jules cherche à entrer dans les pompiers, et l'on régularise tout pour se marier vite.

Je souhaite, à la petite Charles, que ses espérances se réalisent.

                     Votre serviteur et maître,
                     REYS, rentier.

               (1). (Au Roi de Hollande.)
(1) C'est-à-dire, la liberté dont on jouit dans les États de S. M. Guillaume Ier, avec tous les savants ressorts et secrets principaux de son administration toute républicaine.

               (2) A S. M. Louis-Philippe.
(2) En quoi, ce qu'a dit, hier 13, M. Janvier, est parfaitement vrai, juste et modéré, en dépit des brouillons et girouettes, dits *le juste-milieu*.

               (3) A Joséphine.
(3) J'ai été assez fin, dans mon envoi d'hier, pour renvoyer le ministre aux deux derniers paragraphes de la première lettre qu'il a ; en sorte qu'en lisant ma lettre, au conseil des brouillons, tous en mal d'enfant, personne des ministres n'y croira à son renversement, auquel ils tendent comme moyen de passer du mal au bien.

Reys , à ses créanciers.

Est-ce votre argent que j'expose quand, sur 853 fr. 16 cent. qui me restaient, vous le savez, au 18 mai dernier, après que je vous aurai, tous, soldés, je dépense l'équivalent de 153 fr. 16 cent. en frais d'impressions et distributions ; et n'avez-vous pas, à ma prière du 26 juillet dernier, suspendu, tous, votre crédit, à ma maison de Sully, durant mon absence ?

De plus, sauriez-vous, pour moi, quelque meilleur moyen de me faire payer que de mettre en regard ici le débiteur, la justice et leur créancier mendiant ? Or, ce premier écrit en cela est mon mandat, de 3,629 fr. 22 cent. échus, le 18 août courant, et appuyés de mon certificat de vie dont je suis le porteur régulier : m'en faudra-t-il faire et tirer un second ?

Mais, Messieurs, ce qui vous scandalisera (1), ce sera d'apprendre qu'on prend votre nom pour se mêler de mes affaires, et que ce malheur est arrivé précisément aux objets journaliers de mes soins et de mes bienfaits ; ce sont eux, particulièrement, qui doutent de mon ordre, de mon économie et, sinon pas de mes talents, au moins de mes succès ; aussi ,

Reys, désormais à Sully, au Roi des Français.

(Toujours par l'entremise de M. le maréchal Gérard.)

Sire ,

Cessez de dire aux Français que vous voulez et que vous ferez leur bien , dès qu'il n'est rien au monde que vous ayez, on le croirait, autant en aversion que la sagesse , la vérité et la raison qui, seules, savent et peuvent faire le bonheur et la fortune de tous.

Hélas ! Sire, voyez ce que j'ai fait de cent mille francs de mon patrimoine ou d'acquêts bien et loyalement gagnés dans le commerce : il en devrait résulter, depuis et durant cinquante-six années, le vrai bien de ma patrie ou même aussi du genre humain; et c'est votre majesté qui néglige ou refuse d'utiliser mes longues veilles et mes efforts ?

Mais, Sire, je m'oublie ; car, en cinquante-six ans, je n'ai jamais nagé entre deux eaux, fait le caméléon polititique , ni sali mon âme à écumer les mers; en quoi donc je ne suis ni Pair de France, ni l'avocat égaré du diable enveloppé de son manteau. Allons, Sire, agréez les rayons de la vérité ; elle est ici, comme celle de la nature, quand elle daigne se communiquer aux mortels.

Je suis ; avec un très-profond respect,

Sire,   de votre Majesté,

Le fidèle sujet,

Paris, le 20 août 1834.

REYS,

Philosophe français.

(1) Par leur lettre du 18 courant, reçue, ce jour, 22 dito, mes presque enfants se sont pleinement justifiés de l'imputation suivante que je leur ai faite quand j'eus relu leur précédente, du 12, après la mise à la poste, le 15, de ma lettre de ce dernier jour:

Comment MM. Salleron et compagnie se justifieront-ils aussi des deux paragraphes suivants, que j'avais insérés dans la lettre par moi adressée à ma maison de Sully, et que voici :

Et si, par rapport à la vente interminable de ses biens, vous m'avez vu aller sonder Salleron, lui-même, jusques dans les plus profonds replis de son cœur dur et inébranlable, pour démêler, dans lui et par lui, ses mensonges ou forfanteries, bref, tous les mystères d'une affaire, dit-il, tellement sans mystère que, malgré son état d'abandon ou cession à ses créanciers, ils laissent ses livres commerciaux en sa disposition, ainsi que ses logements, *gratis*, et d'autres objets plus ou moins importants dont il use ou mésuse selon ses capacités ou inclinations, choses dont j'irai m'expliquer avec et chez M. Hector Couvert, administrateur judiciaire de la cession Salleron ?

Et, maintenant, supposons qu'en jouant du fin ou qu'en conversant, avec moi, sans défiance et maladroitement, M. Salleron m'ait découvert le pot aux roses avec lequel il égare tout le monde depuis si long-temps, comme aussi le vrai mot de ses affaires contre le gouvernement et avec M. Jacques Lafitte, ces dernières, dit-il, datant de plus de trente ans et pour lesquelles le créancier n'a pas un sol d'hypothèques; ou voyons-le quand, le 13 du courant, il m'a dit que, la veille, il était allé, chez M⁰ Glandaz, se disant l'avoué poursuivant, (chez M⁰ Glandaz nommé, par moi, le savant directeur de l'intrigue Salleron et le retardant effectif de l'ancien expert Renié), pour le prier de faire retarder encore la vente, vu que la manufacture des Gobelins, a envie de sa maison et, donc, la paiera ce qu'on voudra, à quoi il paraîtrait, hélas ! que M⁰ Glandaz aurait répondu, à Salleron : « Que les créanciers le talonnent de trop près, pour arriver à ce but là », ne croiriez-vous pas, enfin, malgré mon peu de succès jusqu'ici, qu'il faut des philosophes, comme moi, pour découvrir que M⁰ Legendre, dit l'avoué des créanciers, et qui ne fait rien, est encore là, un presque homme de paille ; car c'est, en ne me découvrant nulle part, que je parviens d'autant mieux à me mettre sur la voie de tout cela ?

Reys, de Sully, à S. Ex. M. le Maréchal, Comte Gérard, etc., à Paris.*

> « *Finis coronat opus.* »

Monsieur le Maréchal-Ministre,

Comment nommer ceux qui, pour remédier au mal, attendent qu'il soit consommé, ou ceux qui, dans la route du bien, sont toujours pris au dépourvu ?

En septembre 1830, M. Guizot fait de la doctrine ressemblant assez à celle qu'à son titre de Grand-Maître de l'Université de France, il vient de faire pour des jeunes gens à qui je souhaite de l'avoir compris. En septembre 1830, Reys calme l'ivresse des *amis du peuple*, avec le trident du ridicule qu'il impose à tous ces jeunes fous.

Mais, Maréchal, que faisait M. Guizot, de Gand, lorsque Reys écrivait *finances* dans le Journal *l'Ami du Roi*, à Paris, et quand, du 2 mai au 25 juillet 1830, le même Reys érigeait le *pas du siècle* contre l'ignorance et l'hypocrisie, qui alors gouvernaient la France ?

Et tous vos grands orateurs parlant du ventre, ou *ventriloques*, comment remaniaient-ils l'administration publique, pour en faire de l'ordre, de la liberté, du bien et de la prospérité, tant en faveur des gouvernants qu'en celle des gouvernés, avant les Martignac, les Polignac, etc.

Du moins vous, Maréchal, voyez, pour le Roi qui ne voit pas, n'entend pas, ne flaire pas, ne goûte pas et ne touche pas, lui, dieu parfait et esprit pur et infini des Français en cela, par mes deux *circulaires de septembre* 1830, ci-jointes, quand et comment Reys aurait guidé son Roi, comme vous avez pu voir, par ses nouvelles, en vos mains depuis le 9 du courant, qu'il le fait encore et allez voir, par celle actuelle, qu'il le fera, et que, le Roi prenant la fausse route, s'il lui en arrive malheur, c'est qu'il l'aura voulu.

Pour moi, Dieu m'aidant et vent me servant, je partirai, encore une fois, de Paris, mais les yeux perdus au service de ma patrie et avec mes soixante-treize ans d'âge, employés toujours en dehors du cercle que tous vos savants tracent aux Français, Dieu merci, s'en trouvant si bien sur le papier qui souffre tout ; et si vous, ou le Roi, me réclamez à Sully, j'y ferai encore ce que je pourrai, pour vous deux, que je confonds, je vous l'ai écrit le 10 du courant.

Je suis, Monsieur le Maréchal-Ministre, et vous, Sire, de vos Excellence et Majesté, le très humble serviteur et sujet.

> REYS, rentier,
> Rue de la Montagne-Sainte-Geneviève, n° 22.

Paris, le 22 août 1834.

A notre fidèle Joséphine.

Vous voulez des nouvelles de Salleron, de mes yeux et de ma santé, bref, de nos amis ? J'ai vu, hier, madame Leblond, et dîné chez le toujours très pauvre Meuniez, qui ne se relèvera jamais. Voyez Salleron et les siens figurer ici aux pages 17 et 20 : si je savais l'avenir, je ne vous le dirais pas, car le Diable est le juste fléau que Dieu lance, dans le monde, contre tous les bavards. Ainsi n'en demandez pas davantage, et croyez-moi toujours votre serviteur et bon maître,

> REYS,
> Qui, tôt ou tard, vous tombera des nues, comme une alouette rôtie.

Paris, *ut retrò.*

(A mon Imprimeur.)

Merci pour votre patience et bienveillance d'économie ; elles, avec ma persévérance, nous ont fait faire quelque chose de bon, de bien, d'honnête, de beau, je dirai même de sublime ; car le sublime, c'est la vérité mise au jour dans les choses et sur les personnes les plus importantes. (Labruyère, en son chapitre, *des ouvrages de l'esprit*, où il a sa manière légitime

> REYS, philosophe français.

Paris, *ut retrò.*

Imprimerie d'Hippolyte TILLIARD,
Rue de la Harpe, n. 88.